AF339757

CONSEIL DES PRUD'HOMMES
D'ANGERS

RAPPORT

LU A LA

DISTRIBUTION DES RÉCOMPENSES

POUR L'ANNÉE 1883

DÉCERNÉES LE 6 AVRIL 1884

PAR

M. Auguste BARON

VICE-PRÉSIDENT

ANGERS

IMPRIMERIE LACHÈSE ET DOLBEAU

4, Chaussée Saint-Pierre, 4

1884

RAPPORT

LU A LA

DISTRIBUTION DES RÉCOMPENSES

POUR L'ANNÉE 1883

DÉCERNÉES LE 6 AVRIL 1884

Par M. Auguste BARON

VICE-PRÉSIDENT

CONSEIL DES PRUD'HOMMES

D'ANGERS

RAPPORT

LU A LA

DISTRIBUTION DES RÉCOMPENSES

POUR L'ANNÉE 1883

DÉCERNÉES LE 6 AVRIL 1884

PAR

M. Auguste BARON

VICE-PRÉSIDENT

ANGERS

IMPRIMERIE LACHÈSE ET DOLBEAU

4, Chaussée Saint-Pierre, 4

1884

CONSEIL DES PRUD'HOMMES

D'ANGERS

RAPPORT

LU A LA

DISTRIBUTION DES RÉCOMPENSES

POUR L'ANNÉE 1883

DÉCERNÉES LE 6 AVRIL 1884

PAR

M. Auguste BARON

VICE-PRÉSIDENT

MESSIEURS,

Pour la seconde fois, le Conseil des Prud'hommes d'Angers vient, dans cette réunion solennelle, récompenser les trois ouvriers qui lui ont paru les plus méritants parmi les nombreux concurrents qui se sont présentés à notre concours de l'année 1883.

Cette fête aurait eu lieu plus tôt, s'il ne s'était pas passé au sein de notre Conseil, un événement, que je n'ai pas à juger ici, mais que je ne peux pas cependant passer sous silence.

Lors du renouvellement annuel de notre bureau, qui eut lieu le 23 septembre dernier, neuf de nos collègues patrons crurent devoir donner leur démission. Ils furent réélus par leurs électeurs, mais n'en persistèrent pas moins dans leur résolution.

Le Conseil des Prud'hommes réduit à onze membres, tout en regrettant vivement la retraite des démissionnaires, n'en continua pas moins de siéger toutes les semaines, et de remplir son œuvre de conciliation qui est la plus belle part de sa mission.

Lorsque ces choses se passaient l'année dernière, l'appel pour le concours annuel de nos trois prix, avait été fait au public, et *vingt-six* concurrents avaient rempli les conditions de notre programme, et déposé leurs demandes à notre secrétariat.

Croyant toujours au retour, parmi nous, de nos neuf collègues démissionnaires, nous reculâmes l'examen de tous ces dossiers; mais voyant que notre patience ne devait pas avoir le résultat désiré, nous nous décidâmes à nommer parmi nous une commission de six membres, à laquelle furent remises toutes les pièces.

Cette commission, que j'ai eu l'honneur de présider, a apporté dans son travail la plus scrupuleuse attention, et en même temps la plus sévère impartialité.

Nous avons eu une autre difficulté à surmonter, causée par la retraite de nos neuf collègues; c'est que, il y a deux ans, époque de la fondation de nos prix, sur la proposition de notre honorable collègue M. Raynaly, nous, les dix Prud'hommes patrons, nous nous étions engagés à verser annuellement chacun 20 francs, ensemble 200 francs, qui joints aux 300 francs que le Conseil municipal nous allouait généreusement, formait le capital de nos trois prix.

Il nous manquait donc, cette année, la cotisation de nos collègues démissionnaires.

Le 31 janvier dernier, j'écrivis, au nom du Conseil, à chacun de ces messieurs, pour leur rappeler leur engagement à cet égard, et les priant de ne retenir du passé qu'une seule chose : l'acte de haute philanthropie, que nous avions consenti spontanément tous ensemble. J'ai le regret d'être obligé de dire ici, que je n'ai reçu que deux réponses favorables, la grande majorité à gardé le silence.

Nous nous sommes donc trouvés en présence d'un déficit, dont vont souffrir nos trois lauréats de 1883. Nous ne pouvions, dès lors, disposer que des *trois cents* francs offerts par la ville et de *quatre-vingt-dix* francs, produit des cotisations de nos deux honorables collègues, et de la mienne. Dans cet état de choses, qui devait modifier l'ordre et la valeur des prix donnés précédemment, le Conseil des Prud'hommes a décidé de partager cette somme de 390 francs en trois récompenses égales de 130 francs chacune.

Cette décision, prise à l'unanimité, a été en grande partie provoquée par l'embarras dans lequel nous nous sommes trouvés de récompenser seulement trois de nos candidats, tandis que nous en avions au moins une douzaine qui le méritaient également ; et les autres avaient les titres les plus sérieux pour recevoir nos prix.

Il a fallu que nous recherchions avec la plus scrupuleuse attention, dans la vie intime de nos candidats, dans leurs longues relations avec les mêmes patrons, en même temps qu'avec leurs camarades de chantier. Car nous voulons récompenser, non seulement des services longuement rendus, mais encore rendre hommage

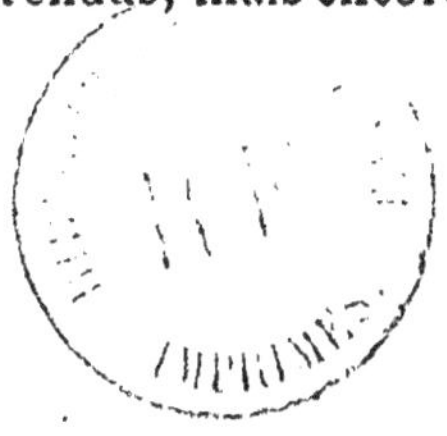

à des existences ouvrières, honorablement et trop souvent péniblement remplies.

Encore une fois nous regrettons de n'avoir que trois prix, et d'aussi faible valeur à distribuer aujourd'hui; mais nous dirons à ceux que nous sommes obligés d'ajourner pour cette fois : Prenez patience. L'œuvre de bienfaisance que les Prud'hommes d'Angers ont créée en 1882, encouragée et aidée par le Conseil municipal, se continuera d'année en année, et bientôt une nouvelle solennité, semblable à celle-ci, nous réunira de nouveau; alors votre tour viendra de recevoir une juste récompense, que nous voudrions bien vous accorder cette fois, s'il nous était possible de le faire.

Je vais maintenant, Messieurs, vous faire connaître nos trois candidats. Les classant tous les trois à mérite égal, je commence par le plus âgé.

GOUASDON, Jean, est né à Gorron (Mayenne), le 19 juin 1814. Il avait trois ans lorsque ses parents, pauvres ouvriers, quittèrent leur pays pour venir se fixer à Angers, où ils espéraient trouver une vie meilleure. A quatorze ans, son père le plaça en apprentissage chez M. Guimier, forgeron, en Brionneau. La conscription militaire l'appela au 40ᵉ régiment d'infanterie, où il fit son congé, presque toujours occupé comme ouvrier armurier. Sollicité par ses chefs, qui l'estimaient beaucoup, de rester au régiment, où il aurait pu se faire une belle position, il préféra revenir auprès de ses vieux parents pour leur aider à gagner leur vie.

Rentré à Angers, il travailla d'abord pendant quatorze mois chez M. Blot, mécanicien, puis il entra dans les ateliers de M. Berindorf, où il resta pendant six ans. Il se maria vers cette époque, eut deux fils de cette union. Se voyant en famille, croyant bien faire pour mieux subvenir à ses besoins, il eut l'idée en 1848 de créer un petit atelier de forgeron-outilleur, faubourg Saint-Lazare. Pendant six ans il travailla et lutta avec courage contre les charges de toutes sortes qui grèvent le petit patenté; mais ayant eu le malheur de perdre sa femme et vaincu par la gêne qui l'étreignait de plus en plus, il quitta sa boutique, volontairement du reste, et entra comme ouvrier à l'École des Arts-et-Métiers, où il resta jusqu'en 1859.

C'est alors que pour gagner un salaire plus élevé, dont il sentait impérieusement le besoin, il rentra dans les ateliers de M. Laboulais-Berindorf, où il travaille encore présentement, et où il restera autant que ses forces le lui permettront, car ses patrons l'estiment comme l'un de leurs meilleurs et plus fidèles ouvriers. Gouasdon est le modèle de l'ouvrier honnête et laborieux, travailleur infatigable, ayant toujours foi dans un avenir meilleur. Aussi dévoué à sa famille qu'à ses patrons, il a su se concilier, non-seulement le plus grand respect de ses enfants, mais aussi la plus grande estime de tous les ouvriers qui le connaissent. Esprit éclairé, il a compris, l'un des premiers à Angers, les bienfaits que peuvent procurer, aux classes ouvrières, les Sociétés de secours mutuels. Il est l'un des fondateurs et le doyen vénéré de plusieurs de ces Sociétés, entre autres de la *Ruche*, appelée à l'avenir le plus brillant, par les services exceptionnels qu'elle est destinée à rendre à ses adhérents.

Lorsqu'on sut dans les ateliers de mécaniciens de

notre ville que Gouasdon se portait candidat aux prix des Prud'hommes, une adresse d'approbation et d'encouragement fut signée en quelques jours par 142 de ses camarades. C'est un hommage spontané dont Gouasdon doit être heureux et fier à juste titre.

Devant tous ces honorables témoignages de sympathies, le Conseil des Prud'hommes décerne l'un de ses prix à Jean Gouasdon.

Cornuault, Pierre, notre second lauréat, est né à Bouillé-Saint-Paul (Deux-Sèvres), le 6 novembre 1814. Fils de cultivateurs vignerons, il préféra apprendre le métier de charpentier. Son père le plaça en apprentissage, à l'âge de 16 ans, chez M. Lemesle, à Mauzay, où il resta trois ans. Puis il travailla successivement pendant deux ans chez M. Baudoin, à Avrine, et deux ans chez M. Joly, à Bouillé-Loret. De là, il vint à Angers le 19 août 1838. Il s'embaucha immédiatement chez M. Baudrier, maître-charpentier, rue Pierre-Lise.

Son patron l'envoya bientôt travailler à la carrière des Fresnais. Dans ces travaux si dangereux de charpentier de carrières, Cornuault fit preuve d'une adresse et d'une régularité de conduite, qui le signalèrent bientôt à l'administration des Fresnais. M. Veau, le régisseur, lui fit des offres avantageuses pour se l'attacher directement, ce qu'il accepta; il entra donc en 1841 dans cet établissement et il y est toujours charpentier.

Marié dès 1840, il eut successivement cinq garçons et une fille. Cette nombreuse famille était à peine élevée, lorsque sa femme mourut en 1863. Resté seul, il continua de travailler avec plus d'ardeur que jamais pour nourrir ses enfants, les entretenir, les faire instruire, leur apprendre à travailler, à gagner honorablement leur vie,

en un mot à en faire de bons citoyens, ce à quoi il a
réussi. Il a le bonheur aujourd'hui de voir ses enfants
marcher sur ses traces; c'est une heureuse récompense
pour sa vie d'ouvrier et de père de famille, à laquelle le
Conseil des Prud'hommes joint la sienne en lui accordant l'un de ses prix.

MOUILLET, René, tailleur de pierres et maçon, vient le
dernier. Il est né à Angers le 12 février 1816, il a donc
aujourd'hui 68 ans.

Son père, tailleur de pierres lui-même, chez M. Char-
don père, entrepreneur, où il travailla pendant quarante
ans, enseigna son métier à son fils René. Son apprentissage terminé, il entra à l'âge de 17 ans chez M. Hamo-
neau père. Il a constamment travaillé pour le compte de
cette maison et y est encore ouvrier. Il a conquis, dans
cette longue carrière de travailleur, une réputation de
fidélité et d'honnêteté à toute épreuve. Aussi est-il
regardé par ses patrons comme par ses camarades de
chantier, comme un vénérable patriarche.

Mouillet s'est marié à Angers le 18 juillet 1840; il eut
de ce mariage trois garçons et quatre filles. Combien
faut-il de courage, d'énergie à un simple ouvrier pour
élever une aussi nombreuse famille, avec le produit
d'une journée de travail? C'est pourtant ce qu'il fit.

En 1870, il avait un fils à l'armée qui adorait son
père; il n'avait plus que quelques mois de service à faire
lorsque la guerre éclata et lui tua son enfant à Sedan.
Ce fut un coup terrible pour le père Mouillet. Dans la
même année, il perdit encore une fille âgée de vingt
qui était sa grande joie. Sa femme, douloureusement
frappée de ces malheurs successifs, eut l'esprit ébranlé
et fut obligée d'entrer aux hospices. Mouillet, resté seul.

se retira chez son gendre Roland, journalier, père de six enfants lui-même.

Le grand-père et le gendre travaillent tous les deux avec la plus louable ardeur pour subvenir aux besoins de cette famille si intéressante.

Le Conseil des Prud'hommes, en accordant un prix à Mouillet, est assuré de recevoir l'approbation de tous ceux qui le connaissent.

A^{te} BARON.

ANGERS. IMPRIMERIE LACHÈSE ET DOLBEAU.